投 降

一九四五年九月二日

詹姆斯·L. 史塔恩斯

苏珊娜·西蒙·迪茨

著

李月如 译

2014年第一版 2015年中文第一版。

ISBN: 978-0-9841395-8-3

本书中有关史塔恩斯的部分经历来自于《我的真实历程
——荷兰人范·柯克，从诺森伯兰郡到广岛》

作者已尽了最大努力联系书中所使用的材料的版权所有
者，若有遗漏，实非故意，希望再版时能够更正。

本书印刷于美国。

beau·
designs

美国纽约州杨斯镇，496信箱，邮编：14174

网址：www.BeauDesigns.biz

献给所有在海战中为国捐躯的人们

目 录

苏珊娜·西蒙·迪茨的其它著作

《约翰尼历险记——刘易斯顿的地下铁路》

《波特镇的早期居民（1800-1829）》
（与凯伦·努南合著）

《纪念你的弟兄——反对共产主义的战争》

《来自烈焰与四面旗帜——波特镇今昔》

《约翰尼历险记——寻找吉娜薇》

《我的真实历程——荷兰人范·柯克，诺森伯兰郡到广岛》

《刘易斯顿市今昔》(与艾米·林恩·福瑞慕斯合著)

《尼亚加拉古堡内的战犯——参考手册》

《向父辈和母辈致敬——尼亚加拉边境的爱国主义传承》

《美国影像之刘易斯顿篇》

《美国影像之波特篇》

6 投降

前　言

《投降》是对战后人们欢乐欣喜之情的一次深刻反思。吉姆·史塔恩斯曾对我说过的，"数十年来世界第一次和平了，"还有麦克阿瑟将军令人难忘的话语，"整个世界处于和平的静寂中。"是的，这是一个"甜蜜的投降"的时刻。这是一个毁灭终止，恐惧不再弥漫，人类可以感知和谐未来的时刻。不过且慢，这样的时刻还没有到来，因为不久就发现我们又置身于韩国、越南、伊拉克、波斯尼亚、阿富汗战场，并再次回到伊拉克，然后又回到阿富汗并且一直呆到现在。

什么时候我们才能接受这一残酷的事实，即战争是解决冲突的最具危害性毁灭性的方式，也许有更好的、代价更小的方式？也许有一天我们能学会彼此如何相处，然而目前来看似乎没有可能性。

耶稣两千多年前就告诫我们："你们会听到战争和关于战争的传言：不要对此感到困扰：因为所有这一切都会过去，然而终点远却没有到来。"金·詹姆斯《圣经》马太福音24:6。

——威廉姆 Q 米勒

美国海军少将，（已退役）

简 介

1939年9月1日，拥兵超百万的德国装甲师炸穿了波兰近郊，日本标准时间9月2日，一场几乎卷入了地球上所有国家的冲突就此开始了。两天之内英国，法国，印度，澳大利亚和新西兰对德宣战，南非联邦和加拿大紧随其后。波兰早已宣战。而当日本在1941年12月7日突袭珍珠港后，大部分国家加入了这场战争。

六年后的1945年9月2日，在战争造成了七千二百万人的死亡，也有历史学家认为可能超过了一个亿之后，美国军舰密苏里号主持了第二次世界大战正式结束的签署仪式。

这本关于日本帝国向盟军投降仪式的纪念册是根据我作为密苏里号战舰领航员和舰上总值日军官的亲身经历写成的。

这一史无前例的重要时刻为二战，也为这场人类为自由抗争的战役划上了句点，麦克阿瑟将军说过"和平重回人间，上帝会永远保佑它。"

我希望这本小册子有助于读者了解并认识1945年9月2日的重要意义。

——詹姆斯 L. 史塔恩斯，
美国海军后备队中尉指挥官(已退役)

1

美国军舰博伊西号

1940年夏天的一个晚上，十九岁的我作出了一个无可挽回的决定：成为一名海军军官。这个改变我命运的决定是同一个朋友短暂交流的结果。亨利·哈里斯告诉我一个新的军官培训项目，要求至少有两年大学学历。亨利对于加入海军和去到世界各地是如此兴奋。他越谈越兴奋。战争的可能性虽然存在，但似乎遥不可及，也毫不重要。我正好刚刚在爱莫雷大学读完了第二年。

那晚随后说服父母同意我的决定并没有预想的那么困难。[1]一开始并不顺利。大约午夜我回到家里，我父亲说，"我听说过亨利·哈里斯的事，如果你想和他一起加入海军，我的回答是：**不！**"

这成了我第一次学着去说服别人的经历。我告诉父母所有我听到的关于做一名军官，一名绅士的积极的正面的好处，以此抵消不时传来的关于醉酒船员的负面消息。我知道我会成为一名军官，一名绅士。当父母听到这些，了解到我追求这项事业的决心，他们就无条件的同意了。

通过体检以后，我在7月加入海军预备队，然后在伊利诺伊号上服役，在纽约进行了为期四个月的培训，包括30天的巡航。在培训接近尾声时，大部分学员成为了现役军官。

在十一月中旬我收到了美国海军预备队的委任状。我加入了位于加利福尼亚长滩的博伊西号战舰，在那个港口上工作了几个月。[2]这是我人生第一次离家远行，也正体验着自己成年的种种况味。在好莱坞，我看见了来自各行各业各个地区的人们，还有我的第一次玫瑰碗橄榄球比赛。[3]我父母开车过来探望，我们分享着加州海岸的美丽风光。生活真是妙不可言。

1941年春天，博伊西号加入了位于珍珠港的太平洋舰队，接下来的七个月我们享受着两周海上工作两周港口休闲的生活模式。除了四天中的一天值班，每天中午就下班，对此我们称之为娱乐和探险。几个人凑齐了三百美元后我们买了一辆1930年的凯迪拉克敞篷轿车。那时，我们是真正享受着生活。

与此同时在珍珠港我们训练着如何进行战争，如何打击日本军舰。海上的两周都用来进行击退日本人打击的防御性训练。在海上和值班的日子里，除了周日，我们总是在训练、训练、训练。我们没有意识到让人恐惧的事情真的会发生，会发生在我们不训练的一个周日。

十一月中旬我们同一支商业船队一起开往正在同日本作战的中国。[4]我们是唯一的战舰，我们的任务就是保卫这支船队。我们就像在战争中一样处于战备状态。

在开往菲律宾的途中，我们看到远处有一艘奇怪的船，在黄昏的海平线上。从轮廓上看得出是一艘日本船。因为他们未能明确表示是敌是友，我们做好迎战准备。整个晚上我们都坚守战斗岗位，敌舰也始终呆在远处监视我们的一举一动。黎明时分它消失了，我们除了觉得它非常非常奇怪以外没有多想。这一天是1941年12月3日。我们在5日同船队一起到达了马尼拉。

海军上将（托马斯·查理斯）哈特，亚洲舰队的司令官，知道同日本之间的战争即将来临，相信马尼拉会成为日军无故突袭的目标。第二天我们奉命留下商船独自离开，南行到达宿务岛，等待着预料之中下周即将发生的事情。

2

战争状态

1941年12月8日，早上5点钟博伊西号拦截到一条信息。海军少尉史塔恩斯，助理领航员，走向瞭望台去接四点到八点的班。[5]

舰长向我展示了海军部长诺克斯[6]发来的信息说，"吉姆，老伙计，我们同日本开战了。"我们的命令是执行作战计划埃布尔、贝克、查理。就是这些，不知道这是因何而起。目前美国和日本帝国之间处于战争状态了。我们不了解珍珠港的情况。

圣诞节前夕我们到达荷属东印度群岛的一个小港，遇到了一些曾在珍珠港的海军航空飞行员，才知道发生了什么。我们后来了解到先前看到的那艘日本军舰就是掩护驶向珍珠港执行袭击任务的军力不被发现的。

1942年2月，博伊西号在荷属东印度群岛中的巴厘岛附近一处不知名的浅滩上搁浅了。最近的可以修理的海军船坞在印度孟买。因此，在接下来的七周里我们度过了一段美好的历险时光，就像鲁德亚德.吉卜林在"苏伊士以东某处"中所写的那样。而当时英国海军正经历着最糟糕的失败，日本人迅速占领了新加坡，我们却几乎不知战争正在进行。3月份在小修小补之后，我们开始了前往旧金山马雷岛海军船坞彻底大修的漫长航程。

1942年7月29日，博伊西号离开珍珠港。

我们被派往瓜达康纳尔岛加入准备入侵作战的舰队。至少我们是这么认为的。到达后，我们被派作诱饵，把日本战舰注意力从我们准备袭击瓜达康纳尔岛的舰队转移开。我们的任务是从珍珠港转一个大圈，停在中途岛，然后再向西行进至离东京五百英里范围内，仿佛我们是在为另一艘袭击东京的航母担任先锋。我们不能从此次任务返回的几率是很高的。结果，我们到达了目的地，打开了探照灯。我们发射了两架带有弹射座椅的水上飞机。我们的任务是模仿杜立得空袭（东京空袭），让敌方知道我们所在的位置。我们打破了无线电静默，试图找回那两架飞机。

这个计谋成功了。日本舰队从南太平洋转移，全速驶向日本来拦截他们臆想中的大规模袭击日本的美国航母。这使得袭击瓜达康纳尔岛的行动没有受到多少来自日本海军的阻挠。而我们在日军大量集结的水域搜寻数小时后，最终没有找回那两架飞机和飞行员。

之后我们一百八十度掉头，开足马力驶出。回珍珠港的路上，我们又接到转移命令，被派往瓜达康纳尔岛。

1942年8月7日，海军陆战队袭击了所罗门群岛，扫荡了图拉吉，瓜达康纳尔岛和马莱塔岛的海岸。

我们到达了瓜达康纳尔岛以南的米尔恩海湾。由于在萨沃岛的失败，看上去似乎我们不能够阻止日本人重新占领瓜达康纳尔岛。每个夜晚我们都会听说起在夜间快速输送人员和物质的"东京快车"，以及它会如何掐住我们的咽喉要道，断绝我们的物资和增援力量。有消息说我们的任务就是要阻止"东京快车。"来自侦查部门的消息说日本舰队正在开往瓜达康纳尔岛。[7]

我们也听到一些消息和传言,让人感觉领导层对于把重心放在欧洲还是太平洋充满焦虑。五星上将欧内斯特·金想让珍珠港和澳大利亚之间的水域保持通畅,同时阻止日本驱逐舰经由新佐治亚之声水域和所罗门群岛为瓜达康纳尔岛的守军往返补充病员和物资。

1942年10月11日,在萨沃岛和瓜达康纳尔岛北端的埃斯佩兰斯角之间,博伊西号,连同其它巡洋舰、驱逐舰一起围住了所罗门群岛。

在11号周日深夜和12号周一早晨,我记得那种兴奋,不是害怕或者恐慌,而是预感到游戏计划即将奏效的自信感觉。我的战斗岗位就在瞭望台后面的海图室里。外面漆黑一片,从船上看不到一点灯光。我仅能从听觉而不是视觉来辨别行动。我听到船长麦克·莫瑞恩在得到距我们不到六千码发现不明船只的报告后,急切打电话请求开火的许可。我听到他还没有收到回复就命令开火。

我们不是旗舰。舰队司令（诺曼）斯科特是指挥官。他的船上没有雷达。[8]在23点我们在雷达上发现八九英里处有一艘船。莫瑞恩船长开火请求没得到许可。当船距离四千码远时，船长命令"开火"。海军的政策规定遇到危险可以发起战争。我们立刻成了鱼雷和炮火的攻击目标，这是我们第一次近距离面对面搏杀。大概十五分钟的主动打击后，我们给对方造成了很大伤害。不过我们也被一枚鱼雷击中，被迫撤退。漆黑一片变得灯火通明。

目前的情形就像在庆祝七月四日独立日却伴随着喊叫声，"打中了，打中了。"然后，我们意识到被击中了。"水淹前部弹药库"的喊声从损害控制部的电话中传过来。当前部弹药库爆炸时我们感受到了船体的晃动，我们知道船正处于沉没的危险中。然而我们总感觉还是有事要做。我们那时没有考虑死伤或者自己的命运。这一切似乎要永远持续下去，然而只不过是十五或者二十分钟而已。

我知道我们击沉或重创了几艘日舰。后来我们认定是八艘。我们的右舷也严重受损。船长说我们在撤退，减速，必须要挽救这艘军。突然之间不再有敌我战斗，只剩下同大海的抗争。漏水堵住了，我们缓慢费力地行进着。黎明笼罩着我们孤独然而安全的驶向米尔恩湾。我想或许心灵有一个安全阀，我们把对暴力、死亡、屠杀都关在了外面，否则是不可忍受的。相反的，我们想到的是任务的完成，以及为下一次任务做好准备的必要性。

在准备例行报告的时候，船长和我的上司，领航员，考虑着如何称呼这次行动。看着我标绘的前一晚的行程表，我说，"这是发生战争的地方。我们必须称之为埃斯佩兰斯角战役。"然后就这么定了。这样就结束了我的一次也是唯一的一次二战中与敌舰直接面对面的拼杀。没有什么比十月的那个晚上的战斗更激烈的了。

来自日舰奥巴和衣笠号的一枚炮弹击中了博伊西号的前部弹药库。它缓慢费劲的穿过巴拿马运河达到菲律宾海军船坞进行修理。爆炸和燃烧的气体造成104名士兵和三名军官死亡，200人受伤。[9]博伊西号在埃斯佩兰斯角一役中的突出作用是挫败了前往瓜达康纳尔岛轰炸美国海军陆战队的日本巡洋舰驱逐舰。[10]这是战争的转折点，又名铁底湾战役，因为有无数的战舰沉没在这片水域。

1943年七月9日，代号赫斯基的盟军占领西西里的军事行动开始水陆空全面进攻。运送军队的2500多艘船只和护送舰集结在奥兰港。[11]

漆上保护色的博伊西号在晚春驶向欧洲舞台。她驶过直布罗陀海峡到达奥兰港和阿尔及利亚，运送军队，加入入侵西西里的舰队，这也是在欧洲的第一次入侵。我们有过射击自己方面飞机的不幸事件；当时有很多来自友军的炮火。入侵西西里的行动进行得很快。在萨勒诺，德国的喷射推进式炸弹发出尖利刺耳的声音，造成了很大恐慌。[12]美国军舰布鲁克林号，费城号，萨凡纳号也向登陆部队提供炮火支援。

1943年9月3日，盟军在意大利登陆。

1944年四月的某天，博伊西号正位于澳大利亚乌利西环礁的水域，我收到了返回旧金山海军基地待命的命令。我们一部分人离开博伊西号，成为一艘荷兰运输船上的旅客，从容悠闲地返回旧金山。我们常打桥牌。每晚我们都听到，"这是隆美尔船长..."通常几位军官会跟他一起喝冰啤。我们问他是否跟一位非常有名的德国将军，陆军元帅埃尔温·隆美尔有关系。他说，"他是我兄弟"，并解释说很多荷兰人不是纳粹，他兄弟正在太平洋同日本人作战。

史塔恩斯到海军基地报道，得到了三十天的休假。

我每天打电话，最终被告知去罗德岛的纽波特报到。1944年6月6日诺曼底登陆日我正在家休假，一两天后就动身前往第二个服役期。第二个服役期的任务是去一所海军航海学校教新来的人员学会快速出海。

已婚并育有一子，史塔恩斯认为战争对他来说已经结束了。"我在罗德岛的纽波特管理着一所海军训练学校，训练所有新船上的导航人员。每周开始一个新班。航海人员是需要的，因为军舰正在快速的修建。我不会让任何人通不过考核。我为密苏里号培训航海人员，并被任命为战舰领航员。"

1944年4月4日，第二十军的航空部队部署到太平洋，最初在印度基地和中国的中途基地行动，后来在马里亚纳群岛行动。

3

美国军舰密苏里号

1944年11月初，我接到一个电话。"吉姆，老伙计，你的命令来了。"哪艘船，我问。回答是密苏里号。命令一般是"前去报到"，但是这个是"立刻报到"。密苏里号在纽约。我让父母来接我的家人。当时正是1944年总统大选之前。

保罗·史迪威的密苏里战舰解释说海军新成立一个船上组织，把战舰用作测试，航海也是其中一个部分。作为航海员，我记录着船去过的地方以及到达到时间。我只是一个中尉。一个月后当我第八次穿越巴拿马运河时，被就地提拔为海军少尉指挥官。战舰宽一百零八英尺，导航员引导我们通过了仅有一百一十英尺宽的运河，一边只有一英尺的缝隙。密苏里号同堪萨斯号和田纳西号一起进入了太平洋。

> 1944年12月7日，罗斯福赢得第二个总统四年任期。新墨西哥的阿拉莫戈多开始建设三合一的测试基地。[13]

*1944年12月24号，*密苏里号在圣诞前夕到达珍珠港，受到太平洋舰队的欢迎。

1945年2月19日，在伊渥基摩岛，在登陆艇向海岸出发前，密苏里号轰炸了一天，不过日本人最后投降了。这是最恐怖的战役之一。

"分离行动"的命令传达下来，"让登陆部队登陆"，这就把海军陆战队送到了也被称为硫磺岛的伊渥基摩岛。前三天海军空军的密集轰炸使得空气中烟雾弥漫，就像太平洋水域肿胀得爆炸了一样。

1945年3月24日，为了准备登陆，博伊西号与其他战舰一起轰炸了冲绳东南海岸。

当我们需要向战舰一样英勇作战的时候，感觉是如此美妙。当战舰在战斗岗位时，我们吃定量供给的罐头肉和奶酪。

1945年4月5日，莫斯科谴责日本对它的盟国美国和英国发动战争，因此不再维持苏-日中立协定。与此同时，东京电台宣布日本首相小矶国昭及内阁下台。小矶是狂热的日本军国主义分子，根据来自美联社的消息，他近来刚宣称日本打算收复硫磺岛、塞班岛和瓜达康纳尔岛。取代他的是退休海军上将铃木贯太郎。[14]

1945年4月8日，日本人决定同神风特工队一起全体出击，向美国航母发动自杀式进攻。我们受到攻击时我正在瞭望台上。一个神风特工队员袭击了一半在水里一半在瞭望台上的船尾甲板。我们竭尽全力保护自己不受伤害。我们为这个部分肢体还留在另一半飞机上的日本飞行员举行了常规海军葬礼。

我在瞭望塔近船尾的地方有一个小房间，因此我可以随时待命。

1945年4月12日，美国第32届总统富兰克林·罗斯福去世了。当消息传来的时候，信号员降下了半旗。

1945年4月16日，密苏里号经受了十二个小时的空袭。

1945年5月18日，海军上将小威廉·哈尔西的将旗在密苏里号上升起。

1945年7月8日，第三舰队确定航程，向日本本土出发，7月10进攻东京，几天后进攻本州岛和北海道。[15]密苏里号向钢铁厂发射了几百发子弹。

7月中旬的几天里，继续攻击本州岛的工业区。在夜间轰炸中史塔恩斯使用了新的远距离无线电导航装置。船长（斯图尔特"阳光"）莫里对他的领航员很有信心，他采纳了他的在敌人海岸外改变航线的建议。中尉指挥官詹姆斯·J·史塔恩斯负责为第三舰队导航。

莫里船长问我，"我们到了吗吉姆？"最终我们在重重障碍中驶向海岸。船长又焦急地问同样的问题。我对自己的训练有素如此自信，感觉自己简直能打败全世界。我们毫无阻力地到达了沿岸。

入侵九州岛的计划正在制定中，此时传来了艾诺拉·盖号轰炸机在广岛投下原子弹的消息。

1945年8月9日，海军上将哈尔西在密苏里号上说道，"看起来就要结束了。"一两天后我们得到消息，密苏里号将要开往投降仪式举行的地方。我想我们应该拿出刀剑，将他们擦拭的闪闪发光。

几天前，我们把船开到相模湾，看到了富士山。日本江河引航员引领我们避开雷区，进入东京湾。我们叫这位引航员莫托先生。他的英语简直无懈可击。突然之间仇恨和死亡变成了友谊。我们问他问题。我们可以进入东京吗？会有一些日本人输不起吗？他回答说，"天皇说..."我们在东京湾抛锚，不过没有固定船只。驱逐舰吸引了来自港口方面的新闻媒体。

4

1945 年 9 月 2 日

1945年9月2日，我是8点到12点的舰上总值日官。每
四个小时一个不同的值日官，地位仅次于舰长和副舰长。
我的工作是确保我们不会把事情搞砸。[16]

来自国家档案馆陆军信号团收藏的照片SC 211865
左起：中尉道格·普拉特，船长莫里，中尉指挥官詹姆斯·L.史塔恩
斯，海军少将理查德·E.伯德，1945年9月2日于东京湾登上密苏里号
参加日本投降仪式。

我们升起舰上最高级指挥官的旗帜：首先，哈尔西，四星海军上将，然后是尼米兹，五星海军上将；后来我们降下哈尔西的旗帜，升起五星上将麦克阿瑟将军的旗。因此舰上两面五星上将的旗帜随风飘扬。

由美国海军后备队中尉指挥官J．L．史塔恩斯签名的舰上日志报道了8点到12点的情况：

"一如既往抛锚。8：03，美国军舰布坎南号(DD484)载着各级军队将官和外国代表一起来到港口见证投降仪式。8：05，海军五星上将C W尼米兹登上军舰，他的个人旗帜在主桅杆上升起。8：24，美国军舰布坎南号(DD484)解开缆绳。8：38，美国军舰尼古拉斯号(DD449)载着陆军五星上将道格拉斯·麦克阿瑟来到港口。[17]8：43，陆军五星上将道格拉斯·麦克阿瑟登上军舰，他的旗帜同海军五星上将C W尼米兹一样升起了。8：48美国军舰尼古拉斯号解开缆绳。"[18]

海军上将的驳船把日本官员带了过来。[19]八个舷侧仪仗队队员，一边四个站在舷梯之上。我选的这八个人，每个都超过六英尺高。（一个恐吓日本代表团的小细节）

日本人请求登上军舰，我们回答说，"请求批准了。"
哈尔西和尼米兹把日本人带到更高一层的投降区。[20]

国家档案馆照片

在东京湾北纬35°21′17″，东经139°45′36″，在
道格拉斯·麦克阿瑟将军和他的部下注视下，重光葵"奉
命代表日本天皇和日本政府，"陆军总参谋长梅津美次郎
"奉命代表日本帝国陆军总司令部"在投降书上签了字。
盟军最高司令官道格拉斯·麦克阿瑟将军，于9：08分代表
"所有国家"签字接受日本投降。各国代表如下：海军五
星上将C．W尼米兹代表美国签字，徐永昌将军代表中华

民国签字，海军上将布鲁斯·佛雷泽爵士代表英国签字，库兹马·杰列维亚科中将代表苏联签字，托马斯·布莱梅爵士代表澳大利亚签字，劳伦斯·摩尔·科斯格雷夫上校代表加拿大签字，菲利普·勒克莱尔将军代表法国签字，赫尔弗里希上将代表荷兰签字，莱昂纳德·伊斯特空军副元帅代表新西兰签字。[21]

国家档案馆照片：1945年9月2日密苏里号（USS Missouri）

结束了。所有毁坏和残酷的行为结束了。我从后甲板上望向上层甲板能看到所有的盟军军官，心中的喜悦难以形容。麦克阿瑟将军总结说"让我们祈求，从此全球恢复和平，上帝会永远保佑和平！仪式到此结束。"根据日志记载仪式于9: 25结束。

仪式有一项计划是让大批飞机飞过甲板上空。麦克阿瑟转向哈尔西问，"该死的飞机在哪呢？"当日本人走下甲板后轰炸机立刻遮蔽了上空。来自第三舰队的四百五十架舰载飞机，紧跟着轰炸机，在头顶上盘旋。[22] 其中一个飞行员理查德·C. 卡尔"同其他几百架B-29式四引擎轰炸机一起在甲板300英尺上方盘旋，向日本人示威。轰鸣声令人难以置信。"[23] 惊人的轰鸣声传递出这样的信息：别再跟我们玩花招了。

向世界广播投降仪式用了23分钟。战争结束了！

在海军的五年中我得到了成长。记忆中满满都是那些经历的美好回想，即使是不怎么愉快的经历。我最持久的记忆，在投降仪式上被任命为舰上总值日军官，是关于和平的，而不是关于战争的。许多年后我确信人类一定有更好的方式来处理国际问题。

下面这段话我读过很多次，我认为这是历经战争后最强有力的反思，这是道格拉斯·麦克阿瑟将军在1951年4月19日的国会联席会议上的演讲：

军事的联盟，实力的平衡，国家的结盟， 轮流着失败，留下这唯一的路径来当作战争的严酷考验。战争带来的整个破坏现在产生了二选一。我们只有最后的机会。如果我们不能设计出一些更好更公平的制度，大决战将近在咫尺。问题是神奇的，它涉及到一种精神的再生和人类性格的改进，将与我们在科学、艺术、文学及所有物质文化2000年来的发展几乎史无前例的同步进展。如果我们要保存肉体就必须有精神作支撑。（此段译文来源：

http://www.gkstk.com/article/1414465658842.htm

5

反 思

　　当得知原子弹被投下、密苏里号将作为正式的投降地点，我们跟其他世人一样震惊。当密苏里号下水时，杜鲁门总统曾说过"有一天这艘巨舰会在火光炮影中长驱直入东京湾结束战争。"

　　作为投降仪式上的舰上总值日军官是一种荣誉。很多人问我是怎么被选上的。这不是一次自我选择，而是组织的选择。军舰领航员常常会在战斗部署、战备状态以及其他特殊场合成为舰上总值日军官。这可是一次真正的特殊场合，策划时需要大量的专业协助。

　　海军上将哈尔西的部下第三舰队和我们舰上的舰长及军官们都意识到运送接待盟军军官和邀请媒体代表登船所需要的数不清的细节及安排。

　　我们认识到这是史无前例的事件，有很多需要学习的地方。我们最初曾设想一个非常正式的仪式，白色服装，佩戴军刀，蓝色和金色的配饰闪闪放光。然而，很快麦克阿瑟将军传下话来"我们穿着卡其布军装同他们作战，同样穿着卡其布军装接受他们投降。"

密苏里号停泊着，没有固定。舰队的船只，主要是驱逐舰，集结起来运送来自不同地点的高官要人和媒体的人士，包括日本的。

日本人的船停泊在我们的右边，这样我们就可以用小艇把他们带到舰上，爬上舷梯，包括装有义肢的日本外相崇光葵。接着他们向舰上总值日军官请求上船许可。

我的主要任务是委派当天执行计划的细节，记录"8到12点"的日志，这包括整个投降仪式的举行。我可以高兴地说一切都是按计划执行的，包括主桅杆上并排升起尼米兹上将和麦克阿瑟将军的将旗。

在这次短暂然而令人印象深刻的仪式之后，日本代表团离开了军舰。头顶上空的美国飞机遮天蔽日，提醒人们正是我们出众的军事力量为这场旷日持久的战争取得了胜利。

战争开始的时候，我们不知道我们是否会赢。美国会不会最后一次庆祝国庆节？大和民族的战舰会不会驶入旧金山湾？我们确实一片茫然。

34 投降

亚太战场夺去了数百万人甚至更多人的生命。美国的伤亡人数超过了一百万。伤亡还不包括心理创伤以及海军和海军陆战队的非战斗死亡。

　　如果日本人不投降，双方的人员伤亡将不可想象。美国军医处处长为登陆日本本土预定了近五十万装尸袋。当日本平民自卫队准备为保卫日本天皇而战的时候，日本军国主义分子宣称"一百万人光荣捐躯"。

　　1945年9月2日为最具影响力之一的历史事件画上了句号，终结了无数恐怖的战役、世界范围内的冲突，还有数年来的日本军事侵略。

　　战争结束了。

2005年9月2日詹姆斯·L·史塔恩斯在"巨密号"上。

36 投降

1945年9月2日，我站在密苏里号战舰的甲板上。作为舰上总值日军官，我参与并见证了日本帝国向盟军的投降仪式。这是我生命中的一个特殊时刻，在海军服役五年，多次遭遇过战争，知道这一切终于结束了，胜利是属于我们的。当时的情绪是很强烈的。知道世界终于又恢复和平的心情真是难以言说。这一时刻是献给那些相信胜利并为胜利献出生命的人。我于2005年9月2日回到珍珠港，又一次站在密苏里号的甲板上，参加日本投降仪式举行六十周年庆祝，缅怀这一重要的历史时刻，纪念这一结束二战全球冲突的历史事件。

　　密苏里号停泊在珍珠港的一个小岛，福特岛的附近，离美国军舰亚利桑那号纪念馆不远。亚利桑那号纪念馆的下方是1941年12月7日日本袭击珍珠港时阵亡的1177名海员和海军陆战队将士长眠的地方。

密苏里号战舰纪念馆

夏威夷，火奴鲁鲁，考彭斯路63号

邮编：96818

电话：（808）455-1600

https://ussmissouri.org/

纪念1945年9月2日

1945年9月2日，是我人生的巅峰时刻。那时我就相信美国是非同寻常的国家。近七十年后的今天，大多数美国人都已不记得这一天的重要意义了。

让我们，

纪念二战中阵亡的七千二百多万人口。

纪念那些占死亡大多数的四千五百万平民。

纪念参战的一千六百万美军男女将士。

纪念一百多万美国伤亡人员为我们作出的巨大牺牲。

纪念参战的六十一个国家，这几乎是地球上的所有国家。

纪念流离失所的五千多万难民。

纪念美国为战后重建德国和日本所作出的努力。

纪念1945年9月2日的重要意义，向那些为自由二战的男女战士所作出的巨大牺牲致以崇高的敬意。我们要对社会有所贡献，行使我们的投票权，我们要努力保护我们的生活模式、自由和"上帝指引之下的、不可分割的、全体人民享有自由和公正的国家。"

——詹姆斯·L·史塔恩斯
美国海军后备队中尉指挥官

詹姆斯 L. 史塔恩斯

詹姆斯 L.史塔恩斯于1921年生于阿肯色州小石城。他们一家后来移居到佐治亚州迪凯特，在那里他进入迪凯特男子高中学习。

1943年1月15日，吉姆同幼年时期的爱人罗斯·库特耐结婚。战后，他晚上到爱莫雷大学拉马尔法律学院学习，白天工作赚钱养家。结婚十七年有了四个孩子之后，罗斯三十八岁时死于癌症。

史塔恩斯1961年认识贝蒂·胡芬并同她结婚，然后收养了三个孩子。贝蒂2010年去世。

吉姆的邻居和朋友亨利·哈里斯打算战后去神学院学习。哈里斯于瓜达康纳尔岛战役中牺牲。

中尉指挥官詹姆斯 L.史塔恩斯设想自己就是诗歌"尼米兹—哈尔西—和我"一个角色，这首诗歌是由船长戈登·毕彻于1945年完成的。

这首诗以"纪念珍珠港事件"结尾，也警告日本人永远不要再发动战争，因为"我们的国家有千千万万个

40 投降

兹-哈尔西-和我。"对于1945年9月2日的舰上总值日官来说，这最后一行就是"尼米兹-哈尔西-和史塔恩斯。"

网上YouTube视频。

"日本人1945年最后投降视频新闻纪录片"

http://www.youtube.com/watch?v=p09gugpF_hE

关于作者

苏珊娜·西蒙·迪茨是布法罗航空俱乐部和纽约州波特镇的历史学家。她在西纽约地区做过一些当地历史问题的讲座，特别是关于二战中囚于波特镇尼亚加拉古堡内的德国战犯的问题。迪茨夫人为尼亚加拉航空航天博物馆做研究和写作。她的父亲，已故的约翰·维克托·西蒙，二战中是美国陆军第89步兵师第353军团的侦察兵。

关于中文译者

李月如女士是中国青岛科技大学国际学院的副教授。她多年来一直致力于汉语作为第二语言的教学和研究。她曾在美国特洛伊大学做过访问学者，目前在美国纽约州刘易斯顿-波特学区教授汉语。

尾 注

1　詹姆斯·L"吉姆"·史塔恩斯同作者进行了电话面谈，史塔恩斯写给 "哥们儿– 我的孙子钱德勒、布莱恩特、韦斯利"的备忘录。史塔恩斯 1921 年生于阿肯色州小石城，父母是詹姆斯·L·史塔恩斯和莫德·怀特，在佐治亚迪凯特长大。在爱莫雷大学学习两年后加入海军。他毕业于 V-7 培训班。"我们就像在安纳波利斯那样训练，不过课程更紧凑。"1940 年 11 月被委任为海军少尉后，史塔恩斯选择了去海军服役而不是回归平民生活。

2　博伊西号战舰是布鲁克林级别的轻型巡洋舰。

3　1941 年 1 月 1 日，斯坦福大学橄榄球队在玫瑰碗凭借"T"字队形以 21– 14 击败内布拉斯加从而创造了历史。1941 年玫瑰碗见

http://www.rosebowlhistory.org/rose-bowl-1941.php

[2012 年 10 月 27 日访问。]

4　博伊西号护送运输船队。科米特·邦纳《最后的航行》，肯塔基州帕迪尤卡：特纳出版公司，1996，第 30 页。

5　国际日期变更线以西地区比夏威夷——阿留申群岛标准时间早一天。

6 佛兰克·诺克斯，海军部长，十四岁时作为泰迪·罗斯福狂野骑兵中的一员在西班牙美国战争期间征战巴西。杰克·亚历山大《海军部长佛兰克·诺克斯》，《生活杂志》，1941年3月10日，另据海军历史与遗产管理网站。

7 盟军把日本部队运输线称为"东京快车"。

8 海军上将诺曼·斯科特，葬于大海，于1942年11月13日他的旗舰，巡洋舰亚特兰大号上阵亡。温斯顿·格鲁姆，《1942：试探人类灵魂的一年》，（纽约：格罗夫出版社。2005），第302页。

9 史塔恩斯的回忆录和邦纳的《最后的航行》描述了博伊西号在埃斯佩兰斯角战役中的船体损伤及人员伤亡情况。第33页。另据海军历史中心，

http://www.history.navy.mil/photos/perus/uspers-m/ej-moran.htm [2010年9月5日访问].

10 在博伊西号东印度群岛战役中意外搁浅后，船长爱德华J."麦克"·莫兰于1942年1月带领她返回美国。莫兰在保卫瓜达康纳尔岛战役时指挥这艘战舰驶入南太平洋战区，他因这次行动中"非凡的英雄气概和勇气"被授予海军十字勋章。《海军少将船长爱德华J.'麦克'·莫兰，美国海军

（退休），1883-1957》，海军历史中心海军部，网址：
http://www.history.navy.mil/photos/persus/uspers-m/ej-moran.
htm ［2010 年 9 月 8 号访问］。

11 科米特·邦纳《最后的航行》（肯塔基州帕迪尤卡：特纳
   出版公司，1996 年）

12 史塔恩斯被任命为返回太平洋的博伊西号的领航员。

13 爱德华 T. 沙利文《终极武器：原子弹研发竞赛》（纽约州
   纽约市：假日书屋，2007 年），第 152 页。

14 小矶国昭 1944 年 7 月取代首相小林桂树。"危机使日本组
   成新内阁，"《星条旗》伦敦版，1945 年 4 月 6 日。

15 "我们带领舰队开往北海道轰炸一个军需品工厂，"指挥
   官史塔恩斯说。

16 史塔恩斯担心装有义肢的日本外相重光葵会摔倒在舷梯
   上。比尔·托比，"65 岁，刚摔倒在街上，"《亚特兰大
   宪法报》，2010 年 8 月 28 日。

17 一封注有日期 1965 年 9 月 28 日的信从海军部寄到了海陆
   军分部最高领导人维克多·岗朵斯那里，信中说"基于对布
   坎南和尼古拉斯航海和战争日志的审查，布坎南把麦克阿瑟

将军运送到密苏里号上主持日本投降仪式一事是非常明确的，"国家档案馆。

18 1945 年 9 月 2 日密苏里号日志，哈里·S.杜鲁门图书馆，密苏里州独立市。

19 日本外相重光葵带领着日本代表团。

20 日本代表团登船。根据日志，9∶02 仪式开始，投降书递交给各方代表，包括美利坚合众国，中华民国，英国联合王国，英国太平洋舰队，苏联社会主义共和国，澳大利亚联邦，加拿大自治领，新西兰联邦，荷兰联合王国，日本帝国，美国海军和美国陆军。

21 美国海军中尉指挥官 J．L．史塔恩斯舰上日志，哈里·S·杜鲁门图书馆。

22 "1945 年 9 月 2 日日本投降，仪式结束时飞机升空飞行，"美国海军历史与遗产管理，网址：

http://www.history.navy.mil/index.html，

［2010 年 8 月 30 访问］.

23 理查德·C.卡尔，2007 年 5 月 17 日为《向你的父辈和母辈致敬》的出版同纽约州扬斯镇的迪茨进行了面谈。卡尔被分配到天宁岛的 B-29 轰炸机组，参与了燃烧弹空袭日本城市的任务。在执行这些任务的吹风会之前,军官俱乐部的酒保,一个日军战俘,准确的认定卡尔就是"秘密"目标。

www.ingramcontent.com/pod-product-compliance
Lightning Source LLC
Chambersburg PA
CBHW071651040426
42452CB00009B/1832